un petit livre

Disney

# Mary Poppins

DEUX COQS D'OR

Le jour se lève sur l'allée des Cerisiers.
L'amiral Boom vient de tirer son célèbre coup de canon pour bien démarrer la journée.

The day begins on the cherry tree alley.
The admiral boom just shot his famous shot

Mlle Lark, qui habite dans la plus grande maison de la rue, envoie son chien Andrew faire sa promenade matinale.

Mais au 17 allée des Cerisiers,
Jane et Michael Banks sont toujours au lit.
« Allons, allons… debout ! dit Mary Poppins, leur nounou.
On ne reste pas au lit un jour super-cali-fragi-listic-expi-ali-do-cious ! Aujourd'hui, nous allons au parc ! »
Aussitôt, Jane et Michael Banks bondissent de leur lit, impatients.

« Ouaf ! Ouaf ! jappe Andrew.
– Que dis-tu ? demande Mary Poppins !
– Ouaf ! Ouaf ! répète Andrew.
– Tu es sûr ?
– Ouaf !
– Parfait, nous y allons de ce pas »,
dit Mary Poppins en entraînant
Jane et Michael derrière elle.

« Finalement, nous n'allons plus au parc »,
les prévient Mary Poppins.
Ensemble, ils traversent des ruelles
pour arriver devant une petite maison.
La nounou frappe à la porte avec son parapluie.
Toc ! Toc ! Toc !
C'est Bert, l'ami de Mary Poppins, qui leur ouvre.

« Comment va-t-il ?
demande aussitôt Mary Poppins.
– Je ne l'ai jamais vu comme ça », répond Bert, dépité.
Au milieu de la pièce, une table est dressée pour le thé.
« Mary Poppins, quelle bonne surprise ! » tonne une voix
venue de nulle part.

« Oncle Albert, gronde Mary Poppins.
Tu m'avais promis de ne plus recommencer. »
Jane et Michael cherchent à savoir à qui parle Mary Poppins.
« Je sais, ma chère, mais que veux-tu, c'est plus fort que moi »,
répond alors une voix venant du plafond.
Jane et Michael lèvent les yeux et, stupéfaits,
découvrent Oncle Albert qui flotte joyeusement dans les airs !

« J'ai essayé, Mary, s'excuse Oncle Albert. Mais j'aime tellement rire. Tout a commencé par de simples gloussements, et puis le rire a éclaté, et je me suis envolé !
C'est le rire qui fait cela, les enfants. C'est le rire ! »
Michael et Jane regardent le vieux monsieur, amusés.

Puis Bert éclate de rire à son tour, et se met aussitôt à s'envoler, allant rejoindre Oncle Albert au plafond. Alors, Michael, lui non plus, ne peut se retenir : il rit de plus en plus fort, bientôt suivi de Jane. Les voilà même qui flottent à présent au plafond, eux aussi !

« Merveilleux ! s'écrie Oncle Albert.
J'espérais que vous me rejoindriez !
– Quel spectacle désolant ! » râle Mary Poppins
en les observant depuis le plancher, les bras croisés.

Bert commence alors à raconter une blague.
« Je connais un homme avec une jambe de bois qui s'appelle Smith, dit-il.
– Vraiment ? réplique Oncle Albert.
Et comment s'appelle l'autre jambe ? »
Bert, Oncle Albert, Jane et Michael rient de plus belle.

« C'est l'heure du thé,
rouspète Mary Poppins.
Il faut rentrer. »
– Restez, s'il vous plaît ! supplie Oncle Albert.
Tout est prêt pour le thé. Mary, si tu pouvais seulement apporter la table jusqu'à nous. »
Mary Poppins soupire, et fait monter la table au plafond.

« Splendide ! Splendide ! applaudit Oncle Albert.
Attention à ne pas renverser le thé et la confiture », prévient-il.
Mary Poppins s'envole sans effort, et sans même un sourire,
avant de servir tout le monde.

Oncle Albert, Bert, Jane et Michael continuent de rire
et de glousser tandis que Mary Poppins leur sert le thé.
« Merci, ma chère, dit alors Oncle Albert.
Nous passons un moment formidable.
J'espère que vous resterez avec moi au plafond pour toujours.

– De toute façon, je ne saurais même pas comment redescendre, dit Michael.
– Il suffit de penser à quelque chose de triste, tu retomberas aussitôt », avoue Oncle Albert. Mais comment penser à quelque chose de triste quand on rit autant !

« Les enfants ! On rentre à la maison »,
annonce alors Mary Poppins, l'air sévère.
D'un seul coup, les rires s'arrêtent.
Boum ! Boum ! Boum ! Boum !
Oncle Albert, Bert, Jane et Michael retombent par terre,
les quatre fers en l'air.

« Au revoir ! dit Michael. Nous reviendrons.
– Merci, ajoute Jane. Nous avons passé
un très bon moment.
– Hélas ! soupire Oncle Albert,
ça me rend si triste de les voir partir. »

De retour à la maison,
Jane et Michael racontent leurs aventures à leur papa.
« Nous avons pris le thé au plafond ! commence Jane.
– Et il y avait un homme avec une jambe de bois
qui s'appelait Smith ! poursuit Michael.
– Poppins ! appelle M. Banks, exaspéré.
Qu'est-ce que c'est que toutes ces histoires ? »

– Les enfants sont les enfants, monsieur.
Et ces deux-là devraient être au lit depuis bien longtemps »,
répond Mary Poppins en les raccompagnant dans leur chambre.
Jane et Michael se regardent juste avant d'aller au lit.
« C'était un jour vraiment super-cali-fragi-listic-
expi-ali-do-cious ! » s'écrie Jane.